Alimentazione Sportiva: Scopri i Segreti della Dieta per l'Allenamento Funzionale a Corpo Libero e la Definizione da Casa per una Preparazione Atletica, Sviluppo di Massa Muscolare e Body Building

Tony Bramlett

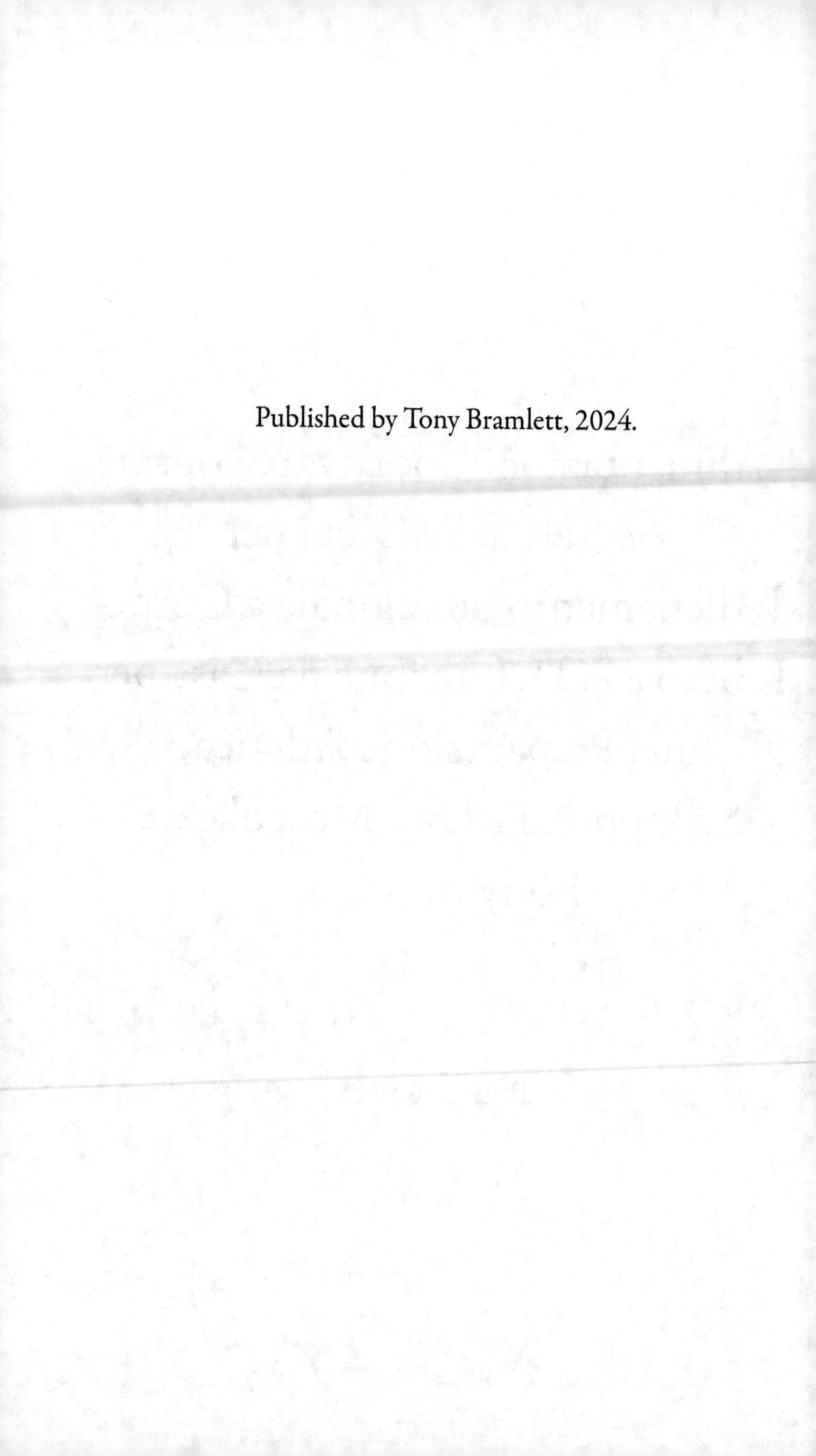

Published by Tony Bramlett, 2024.

While every precaution has been taken in the preparation of this book, the publisher assumes no responsibility for errors or omissions, or for damages resulting from the use of the information contained herein.

ALIMENTAZIONE SPORTIVA: SCOPRI I SEGRETI DELLA DIETA PER L'ALLENAMENTO FUNZIONALE A CORPO LIBERO E LA DEFINIZIONE DA CASA PER UNA PREPARAZIONE ATLETICA, SVILUPPO DI MASSA MUSCOLARE E BODY BUILDING

First edition. August 14, 2024.

ISBN: 979-8227695390

Written by Tony Bramlett.

Also by Tony Bramlett

Bodybuilding: I Segreti del Body Building, l'Allenamento in Palestra per Mettere Massa Muscolare, Sviluppare Muscoli e Addominali

Alimentazione Sportiva: Scopri i Segreti della Dieta per l'Allenamento Funzionale a Corpo Libero e la Definizione da Casa per una Preparazione Atletica, Sviluppo di Massa Muscolare e Body Building

Sommario

Introduzione

Il cibo è il "carburante del corpo umano", si suol dire che una persona è ciò che mangia, e in un certo senso è proprio così. Nel momento in cui si introducono all'interno del corpo alimenti sani e nutritivi, l'organismo e la sua energia risponderanno di conseguenza; il soggetto si sentirà meglio, più forte e pieno di iniziativa. Seguire invece un'alimentazione scorretta, e ricca di sostanza che vanno ad appesantirlo, comporterà fiacchezza, e problemi di salute nella persona interessata.

È quindi fondamentale informarsi, e costituire col tempo una "coscienza alimentare" personale; parliamo della capacità di calcolare e capire cosa è giusto consumare giornalmente, in relazione al proprio fabbisogno, alle attività e agli sforzi fisici che si andranno a svolgere.

L'errore che compiono moltissime persone che decidono di seguire un percorso dall'allenamento per dimagrire o aumentare la massa muscolare, è quello di non abbinare al movimento una corretta e bilanciata alimentazione. Diete drastiche, abbuffate, o assunzione di "cibi spazzatura", non sono sicuramente le opzioni migliori; sarebbe fondamentale seguire un piano alimentare ben studiato, magari progettandolo anche con l'aiuto di un nutrizionista esperto.

Tutti i corpi sono diversi, e di conseguenza richiedono alimenti diversi e regimi diversi; cercare diete online può essere una buona idea solo se vengono prese come esempio, e poi modificate per renderle personali.

Esistono moltissimi tipi di alimentazione diversi, c'è davvero l'imbarazzo della scelta; una tipologia di dieta molto diffusa negli utili tempi è quella "funzionale", che si basa come dice il suo nome su cibi funzionali, ovvero alimenti buoni, che aiutano l'organismo a stare bene.

Questo tipo di alimentazione viene accompagnata solitamente da quello che viene definito "allenamento funzionale" a corpo libero in casa, che può essere praticato per ottenere la forma fisica che si desidera; va bene sia per il dimagrimento, che per l'aumento della massa. Si tratta di una tipologia di workout che richiama movimenti che vengono compiuti nella quotidianità.

I cibi funzionali possono essere naturalmente buoni, o venire arricchiti con principi nutritivi; prevengono malattie, rendono il corpo reattivo e forte, e mantengono l'organismo bilanciato e regolare.

È ormai chiaro a tutti che cibo e training vanno di pari passo, non ci sono vie di scampo; se si vuole stare bene è necessario abbinare una corretta nutrizione, a sessioni di workout regolari e complete. Per ottenere i risultati sperati bisogna avere costanza, e una grande determinazione; tenendo duro i risultati non tarderanno di certo ad arrivare, e ad essere molto soddisfacenti.

Capitolo 1
Alimentazione sportiva

Fare attività sportiva è un toccasana per fisico e anche per la mente; aiuta a mettersi in forma e allo stesso tempo a rilassarsi e allontanare lo stress.

Lo sport deve sempre essere accompagnato da un'alimentazione adeguata, che serve a fornire tante energie utili nel corso della giornata, a creare un corpo forte e sano, e un metabolismo attivo.

Una delle cose più importanti da ricordare è che ogni singola cosa che viene inserita all'interno del proprio organismo è importante; il cibo ha diverse funzioni sul corpo:

• È il suo carburante (ciò che da energia sono le calorie);

• Regola la sua temperatura (attraverso l'acqua che viene ingerita, sia sotto forma di bevande, che quella che si trova all'interno dei cibi che vengono mangiati);

• Lo protegge con impegno (per esempio con l'aiuto di antiossidanti e proteine);

• Ripara in modo continuativo le parti che si rovinano (questo processo è compiuto dalle proteine che hanno il potere di rigenerare e guarire i tessuti che si danneggiano, per esempio nel corso di un allenamento intensivo).

Ormai tutti si autoproclamano nutrizionisti, ognuno ha da dire la sua quando si parla di cibo e alimentazione; sui siti internet, in televisione, e suoi social, si trova di tutto e di più. Ciò che è davvero da tenere in considerazione è quanto segue: il corpo umano per star bene ha bisogno di assumere un mix di nutrimenti differenti ogni giorno.

Possiamo vedere il fabbisogno giornaliero di un soggetto come un grafico a torta, così ripartito:

- 50 % carboidrati;

- 20 % proteine;

- 30 % grassi.

Queste sono ovviamente solo linee guida; la composizione varia in base al sesso della persona, all'età, al peso di partenza, alla sua storia clinica, e soprattutto a secondo del risultato che vuole andare a raggiungere. Se l'obiettivo finale dell'abbinamento di sport+alimentazione salutare è un dimagrimento, si seguirà un certo tipo di dieta; se è invece aumentare la massa muscolare si adotterà un altro programma.

In questo libro andremo a concentrarci sul secondo caso; l'aumento di massa, ottenuto con un percorso di allenamento funzionale a corpo libero.

Dieta per sviluppare la massa muscolare

Tra le conseguenze di un allenamento a corpo libero intensivo, abbiamo l'aumento della componente muscolare all'intero del fisico; questo cambiamento è accompagnato anche da un velocizzarsi del metabolismo.

Nel corso di un allenamento si vanno a consumare principalmente grassi e carboidrati; la percentuale del loro utilizzo dipende dal tipo di workout che viene seguito e dall'intensità dello stesso. Quando l'organismo brucia i carboidrati, sprigiona energia, fondamentale per lo svolgimento dell'attività fisica; questo tipo di nutriente si trova in moltissimi alimenti, tra cui pasta, pane, cereali, legumi, ecc...

Bisogna quindi fare particolarmente attenzione a ciò che si ingerisce; è necessario tener conto che il totale delle calorie che vengano assunte, deve essere sufficiente a coprire quelle che si andranno a consumare con le varie attività giornaliere. Creare un equilibrio è l'obiettivo finale per stare bene e sentirsi sani e in forma.

Fare 5 pasti al giorno è ottimale per tenere sempre il corpo reattivo, e velocizzare il metabolismo; inserite ogni tipo di alimento all'interno della dieta, in particolare non esclude verdura e frutta che forniscono ottimi nutrienti, e sono anche ricchi d'acqua per l'idratazione.

Le 5 fasi alimentari della giornata sono di solito le seguenti:

- Colazione;

- Spuntino di metà mattina;

- Pranzo;

- Merenda;

- Cena;

- Spuntino dopo cena.

Alcuni atleti tendono ad aggiungere al piano anche degli integratori per aiutarsi quando svolgono allenamenti molto intensivi, non sono però da confondere con il cibo reale, che non può essere mai sostituito o eliminato.

La migliore tipologia di dieta per colore che si allenano col fine di aumentare la massa muscolare è quella in cui si ha un abbondante apporto di proteine animali e vegetali. Vediamo ora alcuni alimenti particolarmente consigliati per gli sportivi, che seguono programmi intensivi per aumentare la massa:

- Uova: sono il primo alimento a cui si pensa quando si fa riferimento alle proteine e ai muscoli; sono ricche di vitamine di vario tipo, di ferro, potassio, e molto altro ancora. Aiutano il sistema nervoso a restare sano e regolare.

- Olio di semi di lino: è ricco di omega 3 e aiuta a regolare l'intestino, e a ripulirlo dalle tossine.

- Caffè: serve per fare il pieno d'energia; aumenta la pressione del sangue e di conseguenza anche i battiti del cuore.

• Legumi: sono ricchi di proteine, sali minerali, fibre e vitamina b; aiutano a bilanciare la glicemia e nutrono a fondo i tessuti muscolari.

• Carne bianca: le più "famose" sono tacchino e pollo; sono carni magre molto amate dagli sportivi perché abbondanti di proteine e vitamina b.

• Pesce con carne grassa: tra i più comuni e consumati abbiamo il salmone e lo sgombro; ricchi di vitamine b, e omega 3. Questo tipo di alimenti aiutano a regolare il sistema nervoso, e a prevenire malattie cardiache.

• Frutta secca: per esempio mandorle, noci, anacardi, noccioline; sono alimenti che aiutano a diminuire il livello di colesterolo presente all'interno dell'organismo, e sono ricchi di omega 3, vitamina b, sali minerali e proteine.

• Yogurt bianco naturale: contiene moltissime proteine buone e sane.

• Zenzero: è un toccasana per la salute, previene l'influenza, e aiuta a portare il sangue verso i muscoli; così facendo aiuta a eliminare dolori e crampi.

Quelli appena elencati sono solo alcuni tra i moltissimi alimenti fondamentali per sviluppare nel modo più corretto i tessuti della massa muscolare.

Vediamo ora un esempio di ricette ottimali, per ogni fase della giornata. Per ogni pasto proponiamo diverse opzioni.

• Colazione:

- Frittelle proteiche (sono composte da 60 g di farina integrale o d'avena, 1 uovo intero, 10 albumi, 1 cucchiaino di zucchero; si vanno ad inserire tutti gli alimenti all'interno di una ciotola capiente e si mischia tutto fino ad ottenere un ottimo grado di omogeneità. A questo punto si prende una padella abbastanza piatta e ampia, si versa un filo d'olio al suo interno, e si vanno a versare piccole porzioni di composto per volta. Si otterranno delle piccole frittelle davvero gustose e salutari).

• Pranzo:

- Polpette di tonno (prendete 200 g di tonno al naturale, un pizzico di sale, una cipolla, un filo di pepe e di prezzemolo, 1 pezzetto di burro e 3 patate; in una ciotola amalgamate il tono con sale, pepe, cipolle, patate e prezzemolo. Crete delle piccole polpette con le mani e fatele cuocere in padella col burro in modo tale che non attacchino. Possono essere accompagnate da verdure a scelta)

• Cena:

- Petto di pollo ai ferri (servirà del pollo, pomodori, fagioli, aglio, una cipolla, peperoncino, pane; tagliate il pollo in strisce, fatelo cuocere con la cipolla. In una padella a parte occupatevi di far bollire i fagioli nel pomodoro e verso metà cottura aggiungeteci il pollo; lasciate finire di cuocere tutto insieme, in modo tale che si mischino i sapori. Usate il pane come accompagnamento se lo gradite).

• Spuntino dopo cena:

- Frullato (servirà del latte, proteine in polvere e della frutta secca; mixate tutto).

- In alternativa un vasetto di ricotta magra oppure tonno al naturale.

• Spuntino prima degli allenamenti:

- Frullato proteico (inserite all'interno del mixer proteine in polvere, ricotta, latte di soia, frutti di bosco e frullate tutto per bene).

- In alternativa potete optare per frutta fresca, con yogurt magro e miele.

Capitolo 2
Allenamento funzionale

Nel corso degli ultimi anni ha guadagnato popolarità una forma di workout chiamata "allenamento funzionale", o "functional training"; si basa su tutta una serie di movimenti che richiamano gestualità quotidiane, e che vengono eseguiti a corpo libero, o con l'ausilio di piccoli attrezzi economici.

In questo tipo di allenamento non vengono usati complessi macchinari che si trovano di solito nelle palestre; può essere svolto ovunque anche in casa, serviranno solo la forza del proprio corpo nel suo insieme e piccoli pesi o strumenti di accompagnamento come corde, palle di diverso tipo, sbarre, e molto altro.

L'obiettivo finale non è ottenere un bell'aspetto, questo viene in secondo luogo; diventare fisicamente abili e prestanti è il fulcro di tutto.

Il training funzionale va di pari passo con un'alimentazione funzionale, di cui parleremo in seguito. Per ottenere dei buoni risultati tramite l'allenamento è necessario seguire anche una sana eq equilibrata alimentazione.

Con il percorso di workout si possono ottenere tutta una serie di miglioramenti sia per quanto riguarda le abilità fisiche, che per l'aspetto esteriore. Vediamo quali sono i vantaggi di questo percorso:

• Il corpo entra in sintonia e armonia con l'ambiente circostante: grazie al functional training si impara a muoversi in modo aggraziato all'interno dello spazio durante la giornata, e allo stesso tempo migliora la forma fisica esteriore. Nel corso di una settimana tipo una persona esegue tutta una serie di movimenti, di spostamenti; entra in contatto con oggetti ed ostacoli e si destreggia con tutto ciò che la circonda. A volte si trova in difficoltà con determinati movimenti, come sollevare delle pesanti buste della spesa, o evitare una buca; altre volte svolge gesti naturali, che gli risultano semplici e meccanici. Con l'allenamento funzionale si impara a effettuare quei movimenti che risultano normalmente complessi; ci si esercita a corpo libero, sfruttando tutta la forza fisica nel suo insieme, non vengono utilizzate macchine complesse come quelle che si trovano nei centri fitness, tutto l'allenamento viene eseguito con il proprio corpo e piccoli attrezzi, niente di più. Così facendo si va ad aumentare forza, resistenza, equilibrio, elasticità, e molto altro ancora. Normalmente in palestra si ottengono risultati fisici, ma in concreto non si impara a fare niente; con l'allenamento funzionale invece si acquisiscono delle competenze. Non si segue un piano di isolamento muscolare, ovvero non si concentra un intero allenamento su un solo muscolo, ma sempre su tutti i tessuti insieme, o su un loro raggruppamento. Seguendo questo tipo di approccio il corpo si mette alla prova e impara a cavarsela in moltissime situazioni differenti; gli esercizi proposti nel workout sono simili a movimenti comuni che richiamano lo spostare mobili, salire su un marciapiede, saltare un ostacolo, e molto altro ancora.

• La forma fisica migliora in poco tempo: nel corso dell'allenamento funzionale, il corpo viene messo in movimento nel suo insieme, tutti i suoi tessuti muscolari vengono utilizzati, e si agisce attraverso la sola forza del corpo. In palestra ci sono macchinari ben studiati, che favoriscono i movimenti e rendono tutto più semplice; in questo caso invece, non ci sono aiuti. I risultati estetici si vedono sul corpo in poco tempo; migliora giorno dopo giorno, e di pari passo ci sono sviluppi anche nelle abilità fisiche. Quando si svolgono gli esercizi si spreca moltissima energia, si ottengono buoni risultati facendo poca attività ma ad elevata intensità. Basterà mezz'ora di workout, niente di più.

• Non è mai monotono, gli esercizi variano, e cambia anche la loro intensità: nel functional training si opta per workout sempre vari, col fine di sviluppare il corpo al meglio, e non stancare mai il soggetto che si allena. Col passare del tempo è importante aumentare l'intensità dei movimenti che si svolgono, in modo tale che l'organismo non si abitui, e non smetta quindi di raggiungere nuovi progressi e miglioramenti. Vengono svolte sequenze di esercizi molto diverse tra loro per mantenere il fisico sempre sotto pressione; così facendo la massa grassa brucia, e quella muscolare si amplia. Il soggetto andrà a migliorare sempre di più, si sentirà soddisfatto e prestante. Il workout risulta quindi essere piacevole, mai monotono, e sempre stimolante e innovativo. Allenarsi diventa un piacere, un'attività divertente che si svolge volentieri; non diventa un obbligo o una sofferenza, ci si sentirà sempre propensi a mettersi in gioco per testare le proprie abilità.

• Vengono allenate e sviluppate tutte le capacità che il corpo possiede: il training funzionale aiuta a sviluppare e ampliare tutte le abilità che il fisico ha già di base; parliamo di resistenza, forza, equilibrio, agilità, ecc... Il corpo ottiene dei benefici sia a livello estetico che interno, diventa più sodo, grande, definito, e abile nel muoversi. Nel corso del workout viene sempre usato il fisico nel suo insieme, in questo modo viene messo sotto sforzo, e si ottengono degli enormi benefici. Un corpo in generale è considerato sano e in forma, quando ha l'abilità di relazionarsi e agire nell'ambiente circostante con ordine e armonia; deve riuscire a svolgere movimenti che inizialmente sembravano difficili, con estrema facilità e destrezza. Per raggiungere questo obiettivo bisogna allenarsi con costanza e impegno. Se ci si concentra solo sull'aspetto fisico, andando a sviluppare muscoli singolarmente col solo fine di avere un bell'aspetto, non si apprenderanno le giuste competenze. Andando in palestra non si otterranno questi risultati, utilizzando macchinari complessi.

• Oltre a migliorare il corpo, migliora anche la mente: l'allenamento funzionale è vario e mai noioso, vengono proposti sempre esercizi differenti e di varia intensità; basta cambiare piccoli movimenti, o aggiungere attrezzi specifici per rendere un semplice workout più, o meno intensivo. La progressione è un elemento fondamentale in questa tipologia di training; il corpo è sempre messo alla prova, è sempre stimolato, e quindi diventa sempre più reattivo e funzionale. Il soggetto nel corso del suo allenamento si trova spesso in difficoltà, si mette alla prova, e per arrivare alla fine dell'attività senza mollare per la difficoltà, o la stanchezza, deve imparare a tenere duro e a resistere. In queste situazione è la mente che deve prendere il controllo e dara il meglio di se. Testa e corpo devono collaborare al 100%. Nel momento in cui si riesce a superare una prova ci si sentirà fieri, e pronti ad affrontarne di nuove, ogni giorno a testa alta. Tutti questi insegnamenti, che vengono appresi nel corso dell'attività sportiva, possono poi essere anche trasposti nella vita vera. Il carattere si rafforza in ogni ambito della vita. L'allenamento funzionale porta quindi un enorme beneficio che non si ottiene con un classico workout in palestra.

Cibo funzionale

Un nuovo tipo di alimentazione, ormai molto diffusa, e seguita dagli sportivi, è quella funzionale. Principalmente viene adottata da coloro che optano per un training funzionale, ma in generale le due cose non vanno per forza di pari passo.

Con il termine "alimenti funzionali", vengono intesi tutti quei cibi che contengono nutrienti che fanno del bene al fisico, e all'organismo nel suo insieme. Questi alimenti devono avere delle proprietà che li portino ad aiutare il corpo a essere più sano, forte e resistente.

I "functional foods" sono di base uguali ai cibi normali, ma sono più ricchi di sostanza nutritive, ottime per l'organismo e la sua ripresa in seguito ad allenamenti difficoltosi. Dovrebbero entrare a far parte dell'alimentazione di tutti i giorni, per permettere agli sportivi di rimanere in forma e sani sempre, e per prevenire moltissime malattie.

Un cibo per essere funzionale deve avere una serie di caratteristiche; ora vediamo alcuni elementi che non possono mancare:

• L'alimento in questione deve avere al suo interno in modo naturale degli elementi che lo rendono sano, buono per l'organismo, e quindi funzionale;

• L'alimento ha al suo interno elementi buoni, ma non in modo naturale; gli vengono aggiunti tramite processi compiuti dall'uomo (arricchimento funzionale).

• All'alimento viene tolto qualcosa, o gli vengono sottoposte delle modifiche, per renderlo funzionale. Per esempio vanno a fare dei cambiamenti in laboratorio per rendere il cibo, già di base buono per la salute, ancora più buono; lo trasformano in funzionale, arricchendolo di maggiori sostanze nutritive. Compiendo questi cambiamenti e modifiche si otterrà una combinazione perfetta per il sostentamento dell'uomo.

Questi tipi di alimenti contengono solitamente probiotici, grassi, fibre, vitamine, sali minerali; questi sono solo alcuni dei componenti che racchiudono.

I pro a loro favore sono che si occupano di rafforzare il sistema immunitario, rendono l'intestino regolare, accelerano il metabolismo, diminuiscono le possibilità di contrarre malattie, o di far degenerare patologie

preesistenti, e rallentano l'invecchiamento delle cellule dell'organismo.

In seguito a diversi studi è stato possibile capire che esiste una quantità di alimenti funzionali davvero enorme, e inqualificabile.

I cibi di origine vegetale sono resi funzionali dalle fibre; ricche di probiotici, e stabilizzatori della glicemia nel sangue. Quelli di origine animale sono invece accompagnati dalla vitamina B e dal ferro. Per quanto riguarda il pesce, lo rende funzionale l'acido grasso al suo interno.

Quando si parla di alimenti funzionali, creano un grande interesse non quelli "naturali", ma quelli che vengono arricchiti; questa tipologia di cibi sono ormai molto diffusi e presenti in moltissimi supermercati. Sono ampiamente consumati ed amati da sportivi e appassionati della sana alimentazione.

Uno dei prodotti funzionali, che è maggiormente in voga, e che viene consumato da tutta la popolazione, anche da coloro che non praticano sport è lo yogurt liquido da bere; è ricco di probiotici e componenti che regolano naturalmente il livello di colesterolo presente all'interno dell'organismo.

I cibi funzionali sono sempre più "famosi", spesso vengono acquistati senza avere la consapevolezza di che cosa si sta comprando. Col passare del tempo diventeranno sempre più diffusi e conosciuti.

Abbinare in modo ottimale gli alimenti funzionali non è l'unica cosa che conta; è importantissima anche la fase di cottura, e come viene eseguita. Ci sono tutta una serie di tecniche da tenere a mente:

• Per esempio per diminuire il colesterolo è consigliabile far cuocere le verdure nell'olio di oliva e poi inserirle all'interno di un piatto di pasta. Quest'accoppiata va ad agire sull'organismo aiutandolo a sciogliere i grassi presenti nella pietanza.

• Altra cosa da tenere sempre in considerazione è la seguente: non unire mai frutta con i carboidrati; entrambi questi alimenti contengono tanti zuccheri, unendoli si andrebbe ad ingerirne una quantità troppo elevata. Si andrebbe incontro a problemi di stanchezza e spossatezza considerevoli.

• Unire verdure con pesce a pranzo, è un'ottima idea. Questo abbinamento aiuta l'intestino e la sua regolarità.

• A cena è una buona idea mangiare pasta con verdure, molte persone credono che assumere carboidrati la sera non sia una buona idea, ma non è così. Aiutano a conciliare il sonno e sono facilmente digeribili.

Capitolo 3
Cosa consumare prima, durante, e dopo un allenamento

Allenamento e alimentazione vanno a braccetto; quando si sceglie di seguire un percorso d'allenamento è fondamentale pensare attentamente a ciò che si ingerisce; il cibo è come carburante per l'organismo, che lo consuma muovendosi. Se la carica che gli viene data è sana e positiva il fisico ne sarà riconoscente e agirà al massimo delle sue possibilità; se invece gli verrano forniti alimenti non sani, ne soffrirà, e non riuscirà ad allenarsi nel migliore dei modi.

Ogni alimento che mangiamo porta delle conseguenze sul corpo; in linea generale è possibile individuare due diverse casistiche di effetti che possono scaturirne:

• Conseguenze a breve termine: ciò che ingeriamo ha conseguenze dirette sulla nostra percezione fisica; se mangiamo cibi salutari e adeguati ci sentiremo pieni di energia e pronti all'allenamento, se mangiamo cibo spazzatura saremo stanchi e appesantiti. Bisogna prendere le giuste decisioni alimentare se si vogliono ottenere risultati anche nell'attività sportiva.

• Conseguenze a lungo termine: in base al tipo di alimentazione che si segue si creano delle abitudine, che possono essere più o meno salutari; se si mangia bene si eviterà di andare incontro a tutta una serie di malattie e patologie. Creare un'abitudine alimentare sana non è semplice, ci vuole tempo e tanta costanza e determinazione; sgarrare è umano, l'importante è non esagerare mai.

Possiamo quindi capire in linea generale che il cibo è importantissimo e agisce in modo diretto sulla vita delle persone. Se si decide di mettersi in forma sarà obbligatorio curare anche l'alimentazione; non ci sono altre opzioni a riguardo.

È importante sapere come agire nelle diverse fasi della giornata:

• Nutrizione prima dell'allenamento: prima di fare attività sportiva è fondamentale ingerire carboidrati, che producono molta energia; indispensabile nel corso del workout. Sarà quindi una buona idea mangiare per esempio un piatto di pasta. Sul mercato si trovano anche integratori da ingerire prima dell'attività sportiva, che servono ad assimilare meglio quanto si introduce nello stomaco prima di seguire l'allenamento funzionale, e vanno ad aiutare la digestione per evitare malori. Di solito questi "aiutanti" contengono zuccheri che il corpo rilascia poi lentamente e che servono per dare maggiore energia all'organismo. Sono invece da evitare integratori ricchi di caffeina e eccitanti, questi aumentano il battito cardiaco e rischiano di causare gravi danni al corpo. Tenersi sempre idratati è importantissimo, e allo stesso modo bisogna sempre tenere in considerazione cosa mangiare in base alle tempistiche; se manca poco al workout è meglio mangiare solo un pò di frutta.

• Nutrizione durante l'allenamento: di solito un training funzionale dura all'incirca 30-40 minuti; in questo arco di tempo è consigliabile tenersi ben idratati con acqua, o bibite ricche di sali minerali; è importante fare attenzione a non esagerare con l'assunzione di liquidi, per evitare dolori allo stomaco. Nel caso in cui l'allenamento si prolongasse per più tempo, sarebbe allora un bene nutrirsi anche con qualche frutto, per esempio una banana, che essendo ricca di potassio previene crampi e aiuta l'organismo a tener duro.

• Nutrizione dopo allenamento: in seguito a un workout intenso, è necessario fornire all'organismo, e ai muscoli, gli alimenti di cui necessitano per ristorarsi e rimettersi in sesto. Le prima cose da consumare sono proteine in polvere, da mischiare con del latte per creare un frullato; il tutto può essere accompagnato da della frutta fresca o secca. Questo servirà per risollevare subito il corpo, si procederà poi dopo circa 2 ore con un pasto completo, ricco di verdure, proteine e piccole parti di carboidrati. Chiaramente bere acqua rima una componente fondamentale, anche nella fase di allenamento, non solo dopo. Restare idratati è uno degli elementi principali per aiutare il fisico a stare meglio.

Ogni fase necessita attenzioni diverse e alimenti diversi, è importante rispettare le differenze per poter trarre il meglio da ogni parte della giornata. Alimentarsi in modo intelligente è la chiave del successo, il corpo sta bene e possiede tutte le energie di cui ha bisogno. Se si segue un'alimentazione scorretta l'organismo ne soffrirà e non sarà in grado di performare al massimo delle sue potenzialità.

Integratori alimentari

Per ottenere i massimi risultati da un allenamento funzionale finalizzato all'aumento della massa, e al raggiungimento di un fisico da bodybuilder; sarà possibile abbinare a una sana alimentazione anche degli integratori di sostegno per sviluppare e curare maggiormente i muscoli, che vengono costantemente messi sotto sforzo durante gli allenamenti settimanali.

Questi alimenti di supporto contengono principi nutritivi che fanno bene al corpo; sono utilizzati principalmente da chi fa sport e allenamento con frequenza e costanza.

Questi aiutanti sono efficienti e assistono l'organismo, ma non fanno di certo miracoli. Di base per ottenere degli effetti è necessario che la persona che li ingerisce segua un allenamento costante, un'alimentazione sane, bilanciata, e che non esageri con la fatica a cui sottopone il fisico. In mancanza di queste prerogative è inutile acquistare integratori alimentare per l'aumento della massa muscolare.

Gli integratori sono alimenti o polveri, che contengono tutta una serie di nutrienti necessari per rafforzare e incrementare la struttura muscolare, e far sentire meglio l'organismo nel suo insieme. Sono polveri, barrette, pillole, e liquidi accessori a una sana e equilibrata alimentazione; non possono sostituirla completamente. Sostanzialmente favoriscono quella che viene chiamata "ipertrofia muscolare", ovvero l'aumento del muscolo nel suo insieme.

Vengono proposti sul mercato per una fascia della popolazione ben precisa, ovvero per coloro che fanno allenamento sportivo con regolarità, e puntano non al dimagrimento, ma all'aumento e definizione della massa; in alternativa vengono in aiuto a soggetti che hanno carenze alimentari. Per esempio chi non ha abbastanza ferro, o calcio, può andare a arricchire e compensare le sue mancanze con gli integratori. Quest'ultimi non contengono sostanze tossiche o nocive, ma componenti sane che fanno bene al corpo.

In vendita si possono trovare integratori di ogni tipo; ci sono polveri, pillole, barrette, gocce, e molti altri tipi di formati differenti.

Gli integratori alimentari per aumentare la massa muscolare sono composti da diverse sostanze e ingredienti diversi; in linea generale sono maggiormente formati dai seguenti nutrienti, e ne esistono di questi tipi:

• Minerali: sono conosciuti dalla maggior parte delle persone come sali minerali, e hanno un ruolo davvero importante all'interno del corpo umano. Alcuni di questi sono il potassio, il fosforo e il sodio.

• Vitamine varie: sono importantissime per l'organismo e per la sua salute; rappresentano dei nutrimenti davvero fondamentali ed essenziali. Negli integratori troviamo solitamente vitamina B, acido folico, vitamina A,B, e molte altre.

• Carboidrati: forniscono molta energia al corpo, che viene rilasciata col tempo. È quindi consuetudine consumare integratori ricchi di questo nutriente, qualche ora prima dell'attività sportiva. Chiaramente non bisogna eccedere ma seguire le giuste quantità.

• Proteine sotto forma di polvere: sono sicuramente la tipologia di integratore più diffusa, conosciuta, ed utilizzata. Questo tipo di proteine provengono da alimenti biologici, come per esempio il latte; la loro funzione è quella di sviluppare e rinforzare il tessuto muscolare. Il miglior momento per assumerle è in seguito ad un allenamento intensivo, quando i muscoli sono affaticati e necessitano di un aiuto per ristorarsi. Questo tipo d'integratore è molto diffuso sia tra coloro che sono amanti della massa muscolare, che tra coloro che seguono una dieta per perdere peso; possono essere utili per andare a compensare mancanze causate da un'alimentazione ferrea. Le proteine in polvere solo proteine buone, che vanno ad agire sul fisico nello stesso modo in cui fanno cibi ricchi di questo componente; come per esempio la carne, le uova e il pesce. Gli integratori in polvere sembrano essere più efficienti se vengono abbinati ad un piano alimentare equilibrato e sano; chiaramente non possono fare miracoli se il cibo che si ingerisce non è corretto. Molti atleti si domandano quale sia la giusta quantità di proteine in polvere da assumere; in linea generale sarebbe indicato consumarne2 grammi per ogni kilo del proprio peso.

• Creatina: è un componente che si trova all'interno del corpo umano in natura, serve se assunta, per dare forza e energia al tessuto muscolare. È una tipologia d'integratore che crea dibattito e idee differenti; alcuni studiosi credono che sia un ottimo sostegno per i muscoli, altri non la pensano propriamente così. Coloro che fanno parte della corrente di pensiero pro creatina come integratore, affermano che sia buono ed ottimale per incrementare l'idratazione muscolare, per ridurre la fatica nei tessuti e renderli più resistenti.

• Acidi grassi essenziali: come integratore viene particolarmente utilizzato l'omega3; in seguito a diversi studi è stato individuato che l'assunzione di acidi grassi essenziali in abbinamento con amminoacidi, provoca un aumento dei muscoli, e rigenera i tessuti.

• Mass gainer: sono integratori per l'aumento della massa muscolare che al loro interno hanno moltissime sostanze nutritive; per esempio proteine vegetali, carboidrati di diverso tipo, amminoacidi, vitamine varie, ecc... Sono molto diffusi tra coloro che puntano al raggiungimento di un corpo da body builder; anche tra coloro che mirano a farlo usando un training come quello funzionale. La loro consistenza è polverosa e sono ottimi per coloro che svolgono allenamenti molto intesivi e costanti, forniscono moltissime calorie, che devono essere impiegate nell'allenamento, per venire convertite in massa. Non bisogna commettere l'errore di assumerli e poi non allenarsi abbastanza, si inizierebbe a prendere molto peso, con un conseguente aumento di grasso corporeo. Bisogna sempre cercare di mantenere un certo equilibrio, senza commettere errori di vario tipo. Se ci si allena con costanza e diverse volte a settimana questi integratori sono una buona scelta, senno è meglio evitarli, e puntare su qualcosa di più leggerlo per rafforzare i muscoli. Non sono quindi indicati per tutti, soprattutto se si soffre di patologie come il diabete, o si è un tipo di persona molto ferma e sedentaria; al contrario se si è iperattivi e sempre pronti al movimento, sono ottimi.

• ZMA: è un integratore ricco di magnesio, zinco e vitamine B. Viene utilizzato perché va a stimolare la produzione di testosterone, utile per la crescita della massa muscolare. A ogni modo i nutrimenti che compongono questo integratore sono molto positivi per l'organismo e danno energia.

• BCAA: sono indicati non solo per coloro che si allenano, ma anche per coloro che hanno mancanze nutritive. Hanno il nome BCAA perché sono l'insieme di tre amminoacidi che tradotti in inglese hanno queste iniziali. Gli stessi principi che contengono sono trovabili anche nella carne rossa, bianca, nel pesce, nelle uova e nel latte.

• Alanina: è un tipo di amminoacido molto singolare, aiuta a sviluppare i muscoli grazie alla canosina che aumenta. Si diventa più forti e produttivi durante gli allenamenti. Non tutti pensano che che questo sia un buon integratore, ci sono ancora dei dubbi a riguardo.

Oltre ai nutrienti naturali; gli integratori contengono anche delle aggiunte per renderli buoni al palato, vengono arricchiti per esempio con:

• Dolcificanti: ne esistono di vario tipo, e hanno la funzione di rendere dolci i compositi. In questo modo sarà più piacevole berli, o mangiarli; non sembrerà una punizione, ma un premio.

• Aromi: ne esistono di ogni tipo per ogni gusto; fragola, vaniglia, panna, nocciola, cioccolato, ecc... danno agli integratori sapori che sono amati dalle persone. In questo modo sono più buoni e più facili da vendere.

• Rivestimenti: come per esempio le capsule, o delle barrette; sono aspetti esterni che vengono dati ai nutrienti per renderli facilmente ingeribili.

Controindicazioni, e conseguenze indesiderate degli integratori

In generale gli integratori non hanno effetti collaterali, dovrebbero solo fare del bene all'organismo nel suo insieme; in alcuni casi però possono giocare dei brutti scherzi. Non tutte le persone sono uguali, hanno corpi diversi, organismi diversi e reagiscono in modo differente ai diversi alimenti; in seguito a moltissimi studi è stato dimostrato che gli integratori non creano danni, ma solo benefici, aiutano i muscoli, ma ci sono sempre delle piccole eccezioni. I danni che potrebbero causare sono i seguenti:

• Peggioramento di situazione mediche preesistenti al consumo degli integratori: per esempio una persone che soffre di diabete potrebbe vedere la sua malattia aggravarsi in seguito all'ingestione di un integratore, o di più integratori. Bisogna sempre valutare se quello che consumiamo ci fa del bene, o del male. Ai primi sintomi di problemi fisici è meglio fermarsi nell'assunzione dell'integratore, e consultare un medico per valutare la situazione.

• Reazioni di tipo allergico: potrebbe capitare che la persona che assume l'integratore si ritrovi poi ad affrontare l'apparizione di sfoghi o reazioni di diverso tipo. All'interno del composto potrebbe esserci un ingrediente a cui è allergico o intollerante. È quindi sempre importantissimo leggere bene gli ingredienti di ciò che si va ad ingerire, e nel caso in cui non si fosse a conoscenza delle proprie allergie, è consigliato recarsi da un medico per fare i dovuti esami. Anche una reazione allergia potrebbe causare gravissimi danni all'organismo, non è una cosa assolutamente da sottovalutare.

• Aumento di peso: gli integratori per avere gli effetti desiderati devono essere assunti nelle giuste quantità, senza mai eccedere. Aumentando il quantitativo, e ingerendo più prodotto rispetto a quello consigliato, si potrebbe intercorrere in un aumento del peso corporeo. Bisogna sempre fare molta attenzione ed attenersi alle dosi, o si otterrà l'effetto opposto rispetto quello che si desidera.

Di solito gli integratori sono composti da elementi naturali, rimane però sempre presente una piccolissima percentuale di rischio. Il corpo umano non sempre agisce e reagisce come ci si aspetta. Bisogna quindi sempre fare molta attenzione e tenere conto di tutte le possibili varianti. Leggere le istruzioni d'assunzione e le quantità consigliate è un passaggio non passabile; è sempre meglio prevenire che curare.

Come abbiamo appena visto non sempre è possibile assumere gli integratori alimentari; nel caso in cui si soffra di allergie verso uno dei componenti che li compongono, si sia affetto da malattia croniche o ci si trovi in stato di gravidanza, non sarà possibile utilizzarli. Queste sono solo alcune delle situazioni in cui non sono consigliati; prima di iniziare a ingerirli sarebbe meglio valutare se ci si trova nelle condizioni fisiche per poterlo fare, magari sottoponendosi a delle visite mediche per valutare eventuali intolleranze o allergie.

Capitolo 4

Esempio di piano alimentare settimanale per aumentare la massa

L'alimentazione è fondamentale per restare in forma e sentirsi bene; oltre al cibo bisogna sempre ricordarsi anche dei liquidi. Nel corso della giornata per quanto riguarda l'idratazione è consigliata l'assunzione di almeno 2 litri d'acqua, o bibite ricche di sali minerali. Non eccedete, o meglio, evitate, le bibite gasate colme di gas, zuccheri e conservanti non sani.

Troviamo ora un esempio di menu settimanale utile per chi desidera sviluppare i tessuti muscolari del proprio corpo; chiaramente si tratta solo di un esempio generico, e di conseguenza non va bene per chiunque. Se si desidera seguire una dieta di questo tipo sarebbe ottimale recarsi da un nutrizionista per stilarne una su misura.

Ecco un piano completo:

LUNEDI'

• Colazione

  - 300 g di latte parzialmente scremato o vegetale;

  - 10 g di avena;

  - 60 g di cereali con frutta secca.

• Spuntino di metà mattina

- 150 g di formaggio spalmabile light;

- 4 fette biscottate integrali;

- 1 pera.

• Pranzo

- 90 g di lenticchie;

- 10 g di formaggio grattugiato per condire le lenticchie;

- 70 g di bresaola;

- Olio extravergine d'oliva a crudo per condire.

• Merenda

- 150 g di yogurt bianco magro;

- 30 g di cereali integrali;

- 1 banana.

• Cena

- 250 g di nasello alla griglia;

- 1 panino di segale;

- 300 g di cavolfiore;

- Olio extravergine d'oliva a crudo come condimento per il cavolfiore.

- Spuntino dopo cena

    - 30 g di mandorle;

    - 1 kiwi.

MARTEDI'

- Colazione

    - 350 ml di latte parzialmente scremato o vegetale;

    - 2 fette biscottate integrali con marmellata del gusto
    che si preferisce;

    - Una spremuta d'arancia.

- Spuntino di metà mattina

    - 1 kiwi;

    - 1 panino integrale;

    - 100 g di fiocchi di latte light.

- Pranzo

    - 80 g di pasta integrale;

    - 10 g di formaggio grattugiato per condire la pasta;

    - 90 g di sugo di pomodoro per condire la pasta;

    - 1 ciotola d'insalata;

- Olio extravergine d'oliva a crudo per condire l'insalata;

- 40 g di tacchino.

• Merenda

- 40 g di cereali integrali;

- 100 g di yogurt bianco magro;

- 1 mela.

• Cena

- 200 g di sogliola al forno;

- 300 g di finocchi;

- 1 panino integrale;

- Olio extravergine d'oliva a crudo per condire.

• Spuntino dopo cena

- 30 g di noci;

- 6 fragole.

MERCOLEDI'

• Colazione

- 350 ml di latte parzialmente scremato o vegetale;

- 60 g di cereali integrali;

- 1 spremuta d'arancia.

• Spuntino di metà mattina

- 100 g di la yogurt bianco magro;

- 40 g di cereali;

- 1 arancia.

• Pranzo

- 90 g di lenticchie;

- 10 g di formaggio grattugiato per condire le lenticchie;

- 60 g di prosciutto cotto;

- Olio extravergine d'oliva a crudo come condimento.

• Merenda

- 150 g yogurt bianco magro;

- 30 g di cereali;

- 2 pere.

• Cena

- 200 g di pollo ai ferri;

- 300 g di zucchine;

- 1 panino di segale;

- Olio extravergine d'oliva a crudo come condimento.

• Spuntino dopo cena

- 30 g di nocciole;

- 1 mandarino.

GIOVEDI'

• Colazione

- 350 ml di latte parzialmente scremato o vegetale;

- 2 fette biscottate con marmellata del gusto che si preferisce;

- 1 pera.

• Spuntino di metà mattina

- 150 g di fiocchi di latte;

- 1 mela;

- 1 panino di segale.

• Pranzo

- 80 g di risotto integrale bollito;

- 100 g di melanzane per condire il risotto;

- 10 g di formaggio grattugiato per condire il risotto;

- 100 g di zucchine;

- 40 g di prosciutto cotto;

- Olio extravergine d'oliva al naturale per condire le zucchine.

• Merenda

- 1 yogurt bianco;

- 1 spremuta d'arancia;

- 30 g di cerali.

• Cena

- 200 g di tacchino ai ferri;

- 300 g di cavolfiore;

- 1 panino di segale;

- Olio extravergine d'oliva a crudo come condimento.

• Spuntino dopo cena

- 30 g di anacardi;

- 1 mandarino.

VENERDI'

• Colazione

- 350 ml di latte parzialmente scremato o vegetale;

- 2 fette biscottate con marmellata del gusto che si preferisce.

- 1 mela.

• Spuntino di metà mattina

- 150 g di formaggio spalmabile light;

- 1 panino integrale;

- 1 mandarino.

• Pranzo

- 80 g pasta di semola;

- 100 g di melanzane per condire la pasta;

- 10 g di formaggio grattugiato per condire la pasta;

- 1 ciotola d'insalata con pomodori;

- 40 g di tacchino;

- Olio extravergine d'oliva a crudo come condimento.

• Merenda

- 150 g di formaggio spalmabile light;

- 1 fetta biscottata integrale;

- 1 banana.

• Cena

- 200 g di hamburger di manzo ai ferri;

- 300 g di zucchine;

- 1 panino di segale

- Olio extravergine d'oliva a crudo come condimento.

• Spuntino dopo cena

- 30 g di mandorle;

- 1 ciotola d'uva bianca.

SABATO

• Colazione

- 350 ml di latte parzialmente scremato o vegetale;

- 60 g di cereali con frutta secca;

- 1 banana.

• Spuntino di metà mattina

- 100 g di ricotta magra;

- 1 panino integrale;

- 2 pere.

• Pranzo

- 80 g di riso bianco;

- 100 g di funghi per condire il riso;

- 10 g di formaggio grattugiato per condire il riso;

- 100 g di fagiolini verdi;

- 40 g di tacchino;

- Olio extravergine d'oliva a crudo come condimento.

• Merenda

- 150 g di pollo;

- 1 mandarino.

• Cena

- 200 g di sgombro al forno;

- 300 g di melanzane;

- 1 panino integrale;

- Olio extravergine d'oliva a crudo come condimento.

• Spuntino dopo cena

- 30 g di noci;

- 1 arancia.

DOMENICA

• Colazione

- 350 ml di latte parzialmente scremato o vegetale;

- 2 fette biscottate integrali con marmellata del gusto che si preferisce;

- 1 pera.

• Spuntino di metà mattina

- 150 g di fiocchi di latte light;

- 1 panino integrale;

- 1 pera.

• Pranzo

- 80 g di pasta ai 5 cereali;

- 100 g di broccoli per condire la pasta;

- 10 g di formaggio grattugiato per condire la pasta;

- 1 ciotola di insalata;

- 40 g di tacchino;

- Olio extravergine d'oliva a crudo come condimento.

• Merenda

- 150 g di formaggio spalmabile;

- 40 g di bresaola;

- 1 spremuta d'arancia.

• Cena

- 200 g di pollo bollito;

- 300 g di melanzane;

- 1 panino integrale;

- Olio extravergine d'oliva a crudo come condimento.

• Spuntino dopo cena

- 30 g di noci;

- 1 pesca.

Ecco un piano alimentare completo, ideale per persone atletiche, che desiderano aumentare la loro componente muscolare. Ognuno può modificare questo esempio a suo piacimento in base ai propri gusti personali e alle necessita che ha.

Non commettete l'errore di seguirlo alla lettera, valutate sempre com'è il vostro corpo, capite di cosa ha bisogno e ciò che lo fa stare meglio.

Capitolo 5

Esempio di allenamento e alimentazione funzionale

Per ottenere un corpo scolpito e muscoloso come quello di un bodybuilder, è possibile seguire un allenamento funzionale intensivo, tramite l'utilizzo di diversi attrezzi e pesi, che hanno la funzione di rendere il workout più difficoltoso, e quindi più produttivo.

Vediamo alcuni degli attrezzi più utilizzati in generale:

• Palla medica: è uno degli strumenti maggiormente utilizzati nel corso di un training funzionale, in alcuni casi è utile anche per le riabilitazioni; ne esistono di diversi pesi sul mercato, quelle più leggere si aggirano intorno a 1 kg. Vengono incluse in esercizi per aumentare la forza e la resistenza, possono essere lanciate contro il muro o tenute in mano mentre si svolgono squat per esempio.

• Anelli: sono due cerchi attaccati a delle corde in tessuto o metallo che vengono appese solitamente al muro o a strutture apposite. Questo attrezzo aiuta a migliorare equilibrio e resistenza; essendo gli anelli instabili sviluppano enormemente il baricentro. Permettono di svolgere moltissimi esercizi differenti.

• Sbarra: è un asta grazie a cui si possono svolgere trazioni di vario tipo, o allenare gli addominali. Il soggetto mette le mani sulla sbarra e sta con i piedi all'aria, sostenendo interamente il peso del proprio corpo. Questo strumento può essere inserito all'interno di una rack station, ovvero una struttura con anelli e varie sbarre che può essere personalizzata a proprio piacimento.

• Kettlebell: è un peso con base piatta, e con un manico al di sopra per reggerlo; ricorda la forma di una borsetta e accompagna moltissimi esercizi differenti. Serve per sviluppare i tessuti muscolari e rendere diversi esercizi più intensivi.

Questi sono solo quattro dei numerosissimi strumenti disponibili sul mercato. Un training funzionale a corpo libero può essere svolto anche solo con il proprio fisico, e niente di più; nel momento in cui si desidera però raggiungere la forma fisica di un dio greco alcuni pesi e attrezzi iniziano a diventare caldamente consigliati. Si tratta sempre di oggetti poco costosi, e non ingombranti.

Vediamo ora un esempio di allenamento total body tipo (da ripetere per 4 volte in sequenza, rispettando le pause di riposo indicate):

• 10 piegamenti appendendosi agli anelli o alle parallele, si può scegliere di utilizzare lo strumento di cui si dispone, o quello che si preferisce tra i due. Con la sola forza delle braccia fate dei piegamenti (dip) reggendovi ai supporti;

• 15 flessioni, mettetevi sdraiati per terra proni e alzate il corpo reggendovi con i palmi delle mani e le punte dei piedi, a questo punto piegate le braccia;

• 20 addominali agli anelli, tenendovi sospesi ad essi piegate le gambe fino al petto;

- 15 trazioni stando appesi con le mani alla sbarra, sollevare il corpo fino a quando la nuca supera l'asta;

- Riposatevi e prendete fiato per 3-4 minuti, passato quest'arco temporale riprendete il workout;

- 20 squat classici, tenendo le gambe divaricate all'altezza delle spalle, piegate le ginocchia, tenendo la schiena dritta e gli addominali contratti, tornate poi alla posizione iniziale;

- 20 affondi in avanti, in totale 40, 20 per ogni gamba;

- 6 scatti di corsa lungo una distanza di 20 metri, per svolgere quest'esercizio è meglio recarsi all'aperto, per esempio in giardino o al parco;

- 10 squat saltando, quando si risale dal piegamento delle ginocchia si fa un salto e si torna nella posizione di squat;

- Riposatevi e prendete fiato per 3-4 minuti, passato quest'arco temporale iniziate la sequenza da capo.

Questo è solo uno dei moltissimi allenamenti che si possono seguire; esistono moltissimi esercizi e combinazioni differenti, per fare in modo di non ricadere nella monotonia, e tenere mente e corpo sempre stimolati, interessati e reattivi.

In base all'ora del giorno in cui si decide di seguire l'allenamento è bene attuare regimi alimentari differenti.

- MATTINA: prima di iniziare una sessione di allenamento di prima mattina si può scegliere di approcciarsi al training funzionale a stomaco vuoto, o bevendo solo un caffè per ottenere il massimo dei risultati. Questo è però fattibile solo se la durata dell'allenamento non sarà eccessiva; se si aggirasse intorno a un'ora sarebbe allora il caso di mangiare qualcosa prima. Una volta concluso l'allenamento, sarebbe una buona idea farsi una doccia, e procedere poi con una buona e sana colazione ricca di proteine per risanare i tessuti muscolari, che hanno appena svolto grandi sforzi. Un esempio di colazione tipo potrebbe essere composta da uno yogurt bianco magro e da 4 fette biscottate con marmellata del gusto che si preferisce.

• ORA DI PRANZO: molte persone che lavorano full-time, scelgono di sfruttare la pausa pranzo per allenarsi; se si decide di optare per questa fascia oraria è necessario puntare su uno spuntino di metà mattina ben bilanciato e saziante. Nel caso in cui non si disponesse di molto tempo, una barretta, un frullato o dello yogurt con miele e frutta, saranno sicuramente delle ottime opzioni. Fate attenzione a gestire bene i tempi; spesso le pause pranzo hanno un arco temporale non molto ampio, andando ad inserire l'allenamento si potrebbe rischiare di ritrovarsi in ritardo per tornare da casa, dove si svolge il training funzionale, fino in ufficio. Non saltate mai il pranzo post workout, calcolate bene le tempistiche; in caso i tempi stringessero optate piuttosto per un'alimentazione liquida, tramite per esempio un frullato proteico, accompagnato da frutta secca, fresca, o uno yogurt. Questa deve però essere un'opzione d'emergenza, un bel piatto completo è sempre la scelta migliore.

• METÀ MATTINA O POMERIGGIO: se si sceglie di seguire un allenamento funzionale in una di queste due fasi della giornata, è necessario programmare di nutrirsi almeno 1 ora prima del workout. È consigliabile scegliere alimenti leggeri, che rilascino energia e che non pesino sullo stomaco. Fate attenzione a non assumere cibi ricchi di zuccheri o si andrebbe incontro ad un picco glicemico, seguito da una fase di perdita d'energia; questo sarebbe controproducente per l'attività sportiva. Si potrebbe optare per del formaggio, frutta secca, o in generale frutta di stagione.

• SERA: se si decide di fare attività fisica a corpo libero la sera; è bene programmare nel corso del pomeriggio due snack, che possono essere composti da frutta secca, formaggio o yogurt. L'importante è che le proteine siano protagoniste. Dopo l'allenamento, se sono stati fatti grandi sforzi, si può procedere mangiando del pesce, del pollo, del tacchino, e verdure condite con olio extravergine d'oliva; bisogna poi mantenere un margine di tempo per digerire prima di coricarsi a letto. Seguendo questo piano il corpo sarà sazio e informa, ma non appesantito dal cibo.

Dieta e bodybuilding

Coloro che fanno bodybuilding seguendo un piano dall'allenamento funzionale, sforzano moltissimo il loro corpo e soprattuto la massa muscolare. Il fisico è messo a dura prova, bisogna quindi fare molta attenzione a seguire una dieta corretta che sia un sostegno e un riparatore per l'organismo.

Ecco 10 consigli da seguire per un'alimentazione sportiva finalizzata al bodybuilding:

• Più le ricette sono semplici e composte da alimenti basilari, e meglio è. Il cibo deve essere visto solo come uno strumento per nutrire e curare il corpo, sviluppare i muscoli, e dare energia; non è quindi necessario che sia complesso, deve solo essere funzionale e efficace. Gli alimenti sono il carburante che mette in moto il corpo, e gli permette di sopportare grandi sforzi nel corso dei training. Ogni tanto può capitare di sgarrare o esagerare con le quantità, l'importante è non fare diventare l'eccesso un'abitudine, ma solo un qualcosa di occasionale.

• È importante ricordare sempre perché si decide di iniziare un percorso alimentare salutare, accompagnato da un allenamento intensivo. Mettere per iscritto tutte le motivazioni e gli obiettivi che si vogliono raggiungere, può essere utile per non perdere di vista la retta via. Essere determinati e motivati; sono gli ingredienti fondamentali per avere successo nel percorso di costruzione di un fisico scultoreo. Bisogna impegnarsi ogni singolo giorno, e avere sempre presente tutta la fatica che si è fatta e dove si è arrivati.

• Non bisogna sempre stare a dieta, è importante avere delle giornate di sgarro, che devono però essere programmate in anticipo. Così facendo non si rischia di impazzire o abbuffarsi per giorni di cibo. È importantissimo fare un programma settimanale alimentare, in modo tale da motivarsi e concedersi dei piccoli lussi. L'importante è allenarsi sempre, saltare gli allenamenti non è possibile, a meno che si sia malati davvero. Impegnarsi sempre al massimo è fondamentale.

• Bisogna abituarsi ad avere delle ottime abitudini alimentari, per abituarsi a delle novità ci vogliono circa 20 giorni, tenere duro è fondamentale. Mangiare bene per tanto tempo aiuta a rafforzare il corpo e la salute, aumentano le difese immunitarie e le capacità fisiche. Tutto può essere ulteriormente regolato con l'assunzione di integratori di diverso tipo. Amarsi è importantissimo, curatevi sempre al 100% delle vostre possibilità. Gli integratori possono essere assunti sotto forma di polvere, barrette, capsule o liquidi; solitamente vengono aromatizzati, e quindi se ne trovano per ogni gusto. È importante prestare particolare attenzione agli spuntini prima e dopo i pasti, sono importantissimi, e non bisogna mai saltarli.

• Nel caso in cui si segua uno stile di vita frenetico, e non si abbia sempre il tempo per mettersi a cucinare, è essenziale portarsi avanti acquistando barrette sostitutive di pasti, oppure frullati di proteine. Meglio assumere questo tipo di prodotti piuttosto che scegliere del cibo spazzatura. Chiaramente questa non deve diventare un'abitudine, ma solo una condizione di salvataggio in caso di emergenze. Sul mercato si trovano moltissimi integratori differenti, per tutti i gusti; soprattuto quando si parla di bodybuilding queste sostanze nutrienti possono fare davvero la differenza. Il corpo umano è già ricco di elementi fondamentali che si generano in autonomia, ma a volte degli aiuti e rinforzi possono aiutare tantissimo.

• La bilancia è una grande nemica; aumentare di peso non corrisponde sempre a un aumento della massa grassa. I muscoli sono moto pesanti e quindi pesano molto di più del grasso. Vedere aumentare i numeri sulla bilancia a volte può anche essere un buon segno; è quindi meglio guardarsi allo specchio piuttosto che pesarsi in modo ossessivo. L'importante è allenarsi con impegno, seguire gli esercizi con costanza, e seguire un'alimentazione corretta e ricca. I muscoli per crescere hanno bisogno di molto cibo, ma cibo sano, non cibo "spazzatura". Chiudete quindi la bilancia nell'armadio, o nascondetela sotto il letto, dimenticatevi della sua esistenza e concentratevi sulla vostra salute e sulla tonicità del vostro corpo.

• Alla base dell'alimentazione devono esserci cibi sani e ricchi di proteine. Le proteine sono fondamentali e necessarie per l'aumento della massa muscolare. I tessuti muscolari sono composti da proteine, assumendole fanno da sostegno e riparano quelli danneggiati o molto affaticati dopo un allenamento. Bisogna imparare a bilanciare tutti i principi nutritivi, trovare un equilibrio è fondamentale, anche se molto difficile. Con tempo e impegno si otterranno gli obiettivi desiderati.

• Nel momento in cui si vuole eliminare massa grassa e aumentare quella muscolare, non bisogna tenere conto del quantitativo di assunzione di ogni singolo nutriente; la scelta migliore è fare un calcolo complessivo sulle calorie assunte normalmente giornalmente, e bisogna poi andare a ridurle nel loro insieme. Concentrasi sui singoli elementi, quindi su proteine, carboidrati, grassi, ecc... non aiuta a raggiungere il proprio obiettivo; togliete un pò da tutto in generale. La maggior parte delle persona va ad eliminare principalmente, se non del tutto, carboidrati e grassi; questi due nutrienti sono visti come il male, in realtà se assunti nei giusti quantitativi non possono fare altro che bene, l'importante è non esagerare mai. Diminuendo le calorie giornaliere si inizieranno a vedere i primi risultati, non serve privarsi di niente, basta ridimensionarsi.

• Bisogna fare particolare attenzione ai carboidrati; quando vengono assunti è importante valutare che reazioni hanno sul proprio corpo. Diversi studi hanno dimostrato che solo una piccolissima parte della popolazione assimila nel modo corretto i carboidrati, tutti gli altri incorrono in problemi, non riuscendo ad assimilarli nel modo più corretto. Bisogna quindi fare delle prove, mangiare carboidrati di tipo diverso per individuare quale non crea problemi tra tutti. Alcune persone sono più sfortunate di altre su questo argomento; bisogna imparare a conoscere il proprio corpo a fondo, e capire cosa gli fa bene e cosa invece no.

• Creare un piano alimentare giornaliero è importantissimo, soprattuto quando si segue uno stile di vita frenetico, o si viaggia molto. Sapendo in anticipo ogni giorno cosa si dovrà andare a mangiare, ci si può organizzare preventivamente per evitare di cadere in tentazioni o intoppi. Programmando si potrà preparare in anticipo i pasti, cucinare i giorni prima, o a inizio settimana, e conservare gli alimenti nel frigorifero; si potrà sceglier i ristorante dove andare a mangiare se si è in viaggio, seguendo le priore necessità. Insomma portarsi avanti è essenziale per non cadere in stupidi errori e buttare all'aria tutto l'allenamento che si è fatto con grande impegno e fatica. I fast food sono il male, se volete sgarrare piuttosto scegliere grandi porzioni ma di cibi salutari.

Facendo attenzione a queste piccole cose, e rigando sempre dritto con impegno, i risultati non tarderanno ad arrivare; piano piano il grasso sparirà per lasciar spazio ad un aumento della muscolatura. Non sempre sarà semplice, ma bisogna tenere duro, per raggiungere la forma fisica, e le abilità motorie desiderate. È importante mangiare tutto, nelle giuste quantità però; privarsi di determinati elementi non è la scelta migliore, inizialmente si avranno risultati, ma a lungo andare non sarà una buona idea. Se si decide per esempio di ridurre o eliminare l'assunzione di carboidrati, si perderà nella prima fase peso, ma ogni volta che si andrà ad ingerire un carboidrato il corpo lo assimilerà il doppio rispetto al normale. Seguire invece una dieta varia e completa aiuta a tenere sempre in allenamento il metabolismo, in modo tale da non trovarsi in situazioni spiacevoli come quella sopra indicata.

Molte persone tendono a sottovalutare l'alimentazione, quando invece è forse anche più importante dell'allenamento in se. Ricordare questo aspetto è fondamentale, non bisogna mai dimenticarlo o sottovalutarlo.

Conclusioni

Negli ultimi anni ha preso sempre più piede un ideale di corpo scultoreo, e tonico, sia per gli uomini che per le donne. I canoni di bellezza sono cambiati, e sono nate nuove tipologie di sport, come il training funzionale; che aiutano a sviluppare la massa muscolare al meglio delle sue potenzialità.

Fino a qualche tempo fa lo standard che moltissimi soggetti, soprattutto donne, volevano raggiungere era rappresentato da un fisico snello e magro; oggi si desidera avere un corpo tonico, definito e funzionale, quindi performante e agile. Cambiando la tipologia di allenamento è cambiata anche l'alimentazione che si deve seguire; d'altronde le due componenti vanno sempre di pari passo. Se l'obiettivo è dimagrire si seguirà una dieta specifica, a basso contenuto di grassi, ipocalorica; se invece l'obiettivo è mettere massa, l'alimentazione sarà ricca, bilanciata, e abbondante di proteine.

Cambiare le proprie abitudine nutrizionali non è però sempre così facile, ci vuole tanto tempo e determinazione.

In fase di aumento del tessuto muscolare è importante non guardare la bilancia, avere un corpo sano e allenato, non significa pesare poco; ma essere definiti e prestanti. I muscoli pesano, molto più di quanto lo faccia il grasso, inizialmente si vedrà un aumento dei kili corporei ma non si tratterà di ingrassare ma di rassodare.

Molte persone commettono l'errore di pensare che per raggiungere l'obiettivo sia necessario mangiare di più, ma non è così; è necessario seguire un'alimentazione sana e equilibrata. Ci sono piccole accortezze da tenere sempre a mente:

• Bere tanta acqua: l'acqua è fondamentale per l'organismo; i muscoli sono tra i componenti più bisognosi di idratazione, bere regolarmente è importantissimo. A logica è quindi facile intuire che se si decide di allenarsi per aumentare il tessuto muscolare, bisognerà di conseguenza incrementare l'apporto di liquidi giornalieri. Sarebbe ottimale bere almeno 2-3 litri d'acqua ogni giorno, ci si sentirà meglio, più sazi, svegli e sani. Oltre a questo l'acqua serve anche per eliminare le tossine che si trovano nell'organismo; durante l'attività fisica se ne espelle una parte col sudore, il resto viene spurgato tramite l'urina. La pelle migliorerà, sarà più tonica e i muscoli staranno sempre meglio. Il corpo umano è composto principalmente da acqua, l'acqua è infatti vita e senza di essa il corpo si atrofizza, si disidrata e si spende lentamente. Bisogna dare una grandissima importanza a questo aspetto della nutrizione.

• Fare attenzione ai pasti: nel corso della giornata ci sono 3 pasti principali; colazione, pranzo e cena. È necessario suddividere tra queste tre fasi l'assunzione di tutti i nutrienti necessari nel corso della giornata. È importante dara molta considerazione a questi pasti, sono importantissimi e forniscono la giusta energia per affrontare la giornata; non bisogna mai saltarli o sottovalutarli assumendo un quantitativo di calorie troppo basso o troppo alto. Nel corso di questi pasti dovranno essere presenti proteine (reperibili in uova, yogurt, formaggi di vario tipo, pesce, carne, ecc...),carboidrati (reperibili in pasta, riso, cerali, ecc...), grassi (reperibili nell'olio d'oliva, frutta secca, ecc...) e fibre(reperibili nelle verdure).

• Fare attenzione agli snack prima, e dopo il training: l'allenamento è fondamentale per aumentare la massa muscolare, per seguirlo nei migliore dei modi sarà necessario abbinarci degli snack pre e post workout ben pensati e bilanciati. Bisogna fare molta attenzione se si vogliono ottenere dei risultati concreti. Prima del training bisognerà fornire all'organismo energia e proteine; in questa fase è consigliabile mangiare frutta fresca, yogurt o frutta secca. Importantissima è l'alimentazione che segue subito dopo il workout; questa deve ristorare i muscoli e curarli con abbondanti dosi di proteine sane e fresche, come quelle presenti in carni bianchi e magre.

• Utilizzate gli integratori nel modo corretto: queste sostanze servono sia prima che dopo l'allenamento; prima per dare energia al corpo, dopo per sostenerlo in seguito allo sforzo. Non è essenziale assumere integratori per seguire un regime alimentare sano, sono solo un aiuto in più che ognuno è libero di seguire oppure no. Esistono integratori di ogni tipo, di solito sono ricchi di proteine, amminoacidi, e altri nutrienti essenziali; riparano i muscoli, gli organi e i livelli del sangue. Possono essere assunti sotto forma di polvere, barrette, pillole, liquidi, ecc...

Sul web è possibile trovare moltissimi esempi di diete alimentari per aumentate la massa muscolare; bisogna capire quali sono attendibili e quali no. Fondamentale è ricordare sempre che ogni soggetto è unico, e di conseguenza necessità di un programma personalizzato; generalizzare può a volte rivelarsi un grande errore. Va quindi bene prendere spunto da questi piani alimentari, che sono però da personalizzare e rendere propri e unici.

Vediamo ora un semplice esempio di pasti giornalieri, tenendo conto di svolgere attività sportiva di mattina.

• Colazione:

  - Pancakes proteici con albume e farina integrale o d'avena;

  - Marmellata del gusto che si preferisce come guarnizione;

  - Spremuta d'arancia.

• Spuntino prima dell'allenamento:

  - 1 caffè;

  - frutta a piacimento;

  - Un quadratino di cioccolato fondente.

• Allenamento:

  - Tenersi idratati con acqua o bibite ricche di sali minerali.

• Spuntino post allenamento:

  - 1 yogurt bianco magro;

  - Miele;

  - Cereale integrali

  - Frullato proteico come integratore, se lo si desidera.

- Pranzo:

  - Minestrone con legumi e cereali;

  - Zucchine;

  - Olio extravergine d'oliva a crudo come condimento.

- Merenda:

  - Frutta a piacimento;

  - Noci.

- Cena:

  - Tacchino ai ferri;

  - melanzane;

  - Olio extravergine d'oliva come condimento;

  - Un panino integrale.

Questo è solo un semplice esempio; le quantità e gli alimenti andranno a variare in base a tutta una serie di fattori: sesso, età, peso attuale, obiettivo che si vuole raggiungere, allergie, condizioni di salute, possibili patologie, ecc...

Svolgere un allenamento funzionale per ottenere un corpo forte e definito; è un ottima idea. Abbinando sana alimentazione + workout, si otterranno dei risultati pazzeschi. Esiste anche un alimentazione funzionale, che è composta da cibi buoni e salutari, che aiutano l'organismo a migliorarsi. Possono essere buoni di natura, o possono essere modificati in laboratorio per raggiungere la loro forma e utilità migliore.

Ricordiamo quindi che per ottenere un corpo bello e agile è necessario abbinare alimentazione corretta a training regolare; l'unione di questi due elementi è la chiave per il raggiungimento del corpo che si è sempre desiderato.

Don't miss out!

Visit the website below and you can sign up to receive emails whenever Tony Bramlett publishes a new book. There's no charge and no obligation.

https://books2read.com/r/B-A-EBDCC-NXCPE

BOOKS 2 READ

Connecting independent readers to independent writers.

Did you love *Alimentazione Sportiva: Scopri i Segreti della Dieta per l'Allenamento Funzionale a Corpo Libero e la Definizione da Casa per una Preparazione Atletica, Sviluppo di Massa Muscolare e Body Building*? Then you should read *Bodybuilding: I Segreti del Body Building, l'Allenamento in Palestra per Mettere Massa Muscolare, Sviluppare Muscoli e Addominali*[1] by Tony Bramlett!

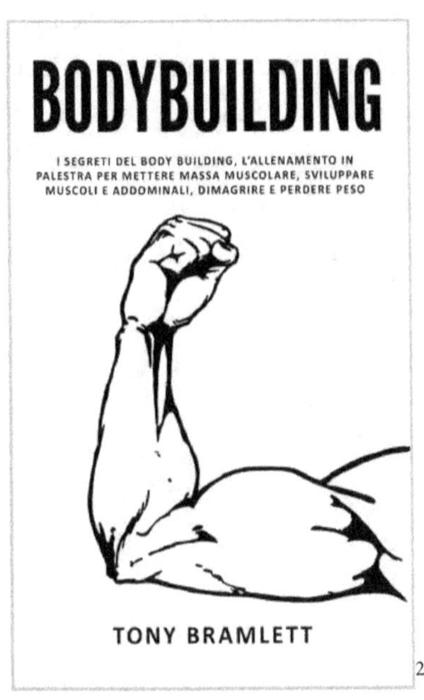

[2]

Ti sei mai chiesto come mai tantissime persone vanno in palestra ogni settimana, mangiano regolarmente, si impegnano e non ottengono risultati? Al contrario, altri sembrano in grado di costruirsi un fisico da body builder in pochi mesi e quasi senza sforzo?

---

1. https://books2read.com/u/49A72p

2. https://books2read.com/u/49A72p

In questo libro andremo a vedere le motivazioni scientifiche dietro questa disparità e capiremo come puoi anche tu renderti la vita semplice e iniziare a vedere i risultati a cui aspiri.

Leggendo Bodybuilding scoprirai ...

La scienza e la matematica dietro la crescita muscolareI principi della corretta alimentazione e perché mangiare poco può, spesso, essere dannosoCome progredire in maniera costante e non restare mai bloccati su un certo pesoCome i professionisti organizzano i periodi di massa e quelli di definizioneLe tecniche per misurare i tempi di recupero e lo sfinimento muscolareCome identificare ed evitare il sovrallenamentoForza VS Massa, a quale punti e perché?Gli integratori. Quali usare e come usarli?L'anatomia del body builderI 7 errori da evitare ad ogni costo

Also by Tony Bramlett

Bodybuilding: I Segreti del Body Building, l'Allenamento in Palestra per Mettere Massa Muscolare, Sviluppare Muscoli e Addominali

Alimentazione Sportiva: Scopri i Segreti della Dieta per l'Allenamento Funzionale a Corpo Libero e la Definizione da Casa per una Preparazione Atletica, Sviluppo di Massa Muscolare e Body Building

About the Author

Tony è un istruttore di fitness italiano. Vive a Milano.